¡Es el Día de Año Nuevo!

por Richard Sebra

BUMBA BOOKS™ en español

EDICIONES LERNER ◆ MINEÁPOLIS

Muchas gracias a José Becerra-Cárdenas, maestro de segundo grado en Little Canada Elementary, por revisar este libro.

Nota a los educadores:

Muchas gracias a José Becerra-Cárdenas, maestro de segundo grado en Little Canada Elementary, por revisar este libro.
A través de este libro encontrarán preguntas para el pensamiento crítico. Estas preguntas pueden utilizarse para hacer que los lectores jóvenes piensen críticamente del tema con la ayuda del texto y las imágenes.

ediciones Lerner
Una división de Lerner Publishing Group, Inc.
241 First Avenue North
Mineápolis, MN 55401, EE. UU.

Si desea averiguar acerca de niveles de lectura y para obtener más información, favor consultar este título en www.lernerbooks.com

Library of Congress Cataloging-in-Publication Data

Names: Sebra, Richard, 1984– author.
Title: ¡Es el Día de año nuevo! / por Richard Sebra.
Other titles: It's New Year's Day! Spanish
Description: Minneapolis : Ediciones Lerner, 2018. | Series: Bumba books en español. ¡Es una fiesta! | Includes bibliographical references and index. | Audience: Age 4–7. | Audience: K to grade 3.
Identifiers: LCCN 2017053121 (print) | LCCN 2017056118 (ebook) | ISBN 9781541507920 (eb pdf) | ISBN 9781541503502 (lb : alk. paper) | ISBN 9781541526648 (pb : alk. paper)
Subjects: LCSH: New Year—Juvenile literature.
Classification: LCC GT4905 (ebook) | LCC GT4905 .S38518 2018 (print) | DDC 394.2614—dc23

LC record available at https://lccn.loc.gov/2017053121

Fabricado en los Estados Unidos de América
1-43845-33678-1/11/2018

Tabla de contenido

El Día de Año Nuevo

El Día de Año Nuevo es

una fiesta.

Es el 1 de enero.

El Día de Año Nuevo

marca el principio de un

nuevo año calendario.

El Día de Año Nuevo se celebra alrededor del mundo. Algunas personas lo celebran con fuegos artificiales.

La noche anterior al Día de Año Nuevo es la víspera de Año Nuevo. El nuevo año comienza a la medianoche de la víspera de Año Nuevo.

¿Por qué empieza el año nuevo a la medianoche?

Una esfera grande baja

en la ciudad de Nueva York.

La gente se reúne para verla.

Cuentan los segundos

que faltan para que

sea medianoche.

Las personas celebran a

la medianoche.

Suenan cornetas.

Avientan confeti.

El Día de Año Nuevo algunas familias comen frijoles carita. Las personas piensan que esta comida da buena suerte.

¿Qué comidas piensas que da buena suerte?

HAPPY NEW YEAR

Odd Fellows & Rebekahs

Shining Still

16

La gente se junta.

Algunas personas van

a desfiles.

Las personas comparten sus deseos para el nuevo año.

Hacen propósitos de Año Nuevo.

¿Por qué crees que las personas hacen propósitos de Año Nuevo?

El Día de Año Nuevo es un tiempo para celebrar el año pasado.

Es también un momento de esperar con anhelo el siguiente año.

Calendario del Día de Año Nuevo

JANUARY

SUNDAY	MONDAY	TUESDAY	WEDNESDAY	THURSDAY	FRIDAY	SATURDAY
					1	2
3	4	5	6	7	8	9
10	11	12	13	14	15	16
17	18	19	20	21	22	23
24	25	26	27	28	29	30
31						

Glosario de imágenes

confeti

pequeños pedazos de papel de color que se avientan en desfiles y celebraciones

medianoche

las doce en punto de la noche

propósitos

promesas que las personas se hacen a sí mismas

víspera

la noche o día anterior a una fecha importante

23

Índice

Leer más

Appleby, Alex. *Happy New Year!* New York: Gareth Stevens Publishing, 2014.

Jules, Jacqueline. *What a Way to Start a New Year!* Minneapolis: Kar-Ben, 2013.

Peppas, Lynn. *New Year's Day.* New York: Crabtree Publishing, 2010.

Agradecimientos de imágenes

Las imágenes en este libro son utilizadas con el permiso de: © yelo34/iStock.com, páginas 4–5; © Patryk Kosmider/iStock.com, páginas 6–7; © Sofiaworld/Shutterstock.com, páginas 9, 23 (abajo a la izquierda); © Christophe Ledent/iStock.com, páginas 10–11; © Pressmaster/Shutterstock.com, páginas 13, 23 (arriba a la izquierda); © Brent Hofacker/Shutterstock.com, página 14; © Marie Appert/iStock.com, páginas 16–17; © hanapon1002/Shutterstock.com, páginas 19, 23 (abajo a la derecha); © StockLite/Shutterstock.com, páginas 20, 23 (arriba a la derecha); © AntartStock/Shutterstock.com, página 22.

Portada: © Fotoksa/Shutterstock.com, izquierda; © Entrieri/Shutterstock.com, derecha; © Neirfy/Shutterstock.com, listón.